Ramabai Sarasvati

Pundita Ramabai

Eine Vorkämpferin der indischen Frauenbewegung

Ramabai Sarasvati

Pundita Ramabai
Eine Vorkämpferin der indischen Frauenbewegung

ISBN/EAN: 9783743459786

Hergestellt in Europa, USA, Kanada, Australien, Japan

Cover: Foto ©Suzi / pixelio.de

Weitere Bücher finden Sie auf **www.hansebooks.com**

Pundita Ramabai.

Eine Vorkämpferin der indischen Frauenbewegung.

Aus dem Englischen frei bearbeitet

von

Pundita Ramabai.

Eine Vorkämpferin

der Indischen Frauenbewegung.

. . . .

Aus dem Englischen frei bearbeitet

von

Marie von Kraut. . .

Halle a. S.

R. Fricke's Verlag

(J. Rithack-Stahn).

1895.

Inhalt.

Vorwort.

Im Juni 1893 brachte die „National-Zeitung" einen interessanten Aufsatz über den internationalen Frauenkongreß in Chicago. Es wurden in demselben die Abgeordneten der verschiedenen Länder genannt, und am Schluß hieß es: Indien wäre leider nur auf dem Papier vertreten gewesen, „denn Pundita Ramabai, die Vorkämpferin der indischen Frauen, hätte es für klüger gehalten, auf ihrem Posten in Indien selbst zu bleiben."

Wahrscheinlich sind viele unserer Leser damals zum erstenmal auf diesen Namen aufmerksam gemacht worden, während er in England und Amerika längst wohlbekannt ist.

Zufällig war kurz vorher ein Buch in meine Hände gelangt, in welchem Ramabai in warmen, ja herzzerreißenden Worten die Teilnahme Europas und Amerikas für die große Aufgabe erfleht, die sie zum Heile ihres Vaterlandes, Indien, auf sich genommen hat: die Besserung des Schicksals der unglücklichen jungen Hindu-Witwen.

Pundita Ramabai, selbst Witwe, wenn auch ausnahmsweise keine unglückliche, hat ihr Buch: „The High-Caste Hindu Woman*)" während ihres Aufenthaltes in Amerika im Jahre 1887 in englischer Sprache geschrieben. Ich bat sie, mir die Übersetzung desselben zu gestatten. In einigen liebenswürdigen englischen Zeilen aus Poona, wo sie lebt und arbeitet, erteilte sie mir dieses Recht. Die Schrift in ihrem ganzen Umfange dürfte sich jedoch bei uns in Deutschland nicht genügend der allgemeinen Teilnahme erfreuen. Ich beschränke mich deshalb auf Auszüge, denen ich ein Lebensbild der tieffühlenden und thatkräftigen Frau Vorderindiens vorangehen lasse.

Vielleicht regen die folgenden Blätter auch deutsche Frauen und Jungfrauen zu neuer selbstverleugnender Arbeit an, indem sie zugleich

---

*) „Die Hindu-Frau der hohen Kaste."

erhöhte Teilnahme für die Mitschwestern im fernen Osten — die leidenden und die arbeitenden — erwecken.

Außer Ramabais Buch und den darin enthaltenen biographischen Mitteilungen von der amerikanischen Herausgeberin desselben, habe ich noch einen Aufsatz*) von Frau Marie Fischer (Schwester von Frau Schepeler-Lette, der Vorkämpferin der arbeitenden deutschen Frauen) mit deren gütiger Erlaubnis benutzen dürfen.

Alt-Ranft, im August 1894.

M. v. Kraut.

—•— —

*) „Pundita Ramabai und ihre Arbeit für die indischen Witwen." Aus dem Englischen von Marie Fischer geb. Lette. (Sittlichkeits-Blätter vom 1. März 1893.)

Erster Teil.

Pundita Ramabais Leben und Wirken.

———————

Wir versetzen uns unter den tief-
blauen Himmel Indiens, an die
Ufer des heiligen Flusses Godavary.
Dorthin begab sich in einer frühen
Morgenstunde ein Hindu, um im
Flusse zu baden. Er war mit Frau und Kindern
auf einer Pilgerreise begriffen und hatte in der
nahen Stadt übernachtet. Zu ihm gesellte sich ein
unbekannter schöner, stattlicher Brahmine. Beide
nahmen ihr Bad und verrichteten ihre Morgen-
gebete. Dann begrüßten sie sich und knüpften
ein Gespräch an. Der Familienvater befragte
den Brahminen über Kaste, Familie und Wohn-
ort, und als er erfuhr, daß er Witwer sei, bot
er ihm seine kleine neunjährige Tochter zur Frau
an. In einer Stunde war alles besprochen, den
nächsten Morgen ward das Mägdlein nach
Landessitte dem Gatten angetraut, der sie sogleich

1*

12

mit sich in seine Heimat nahm, ungefähr neun-
hundert engl. Meilen von der ihrigen entfernt.

Auf diese Weise waren Ramabais Eltern,
wie sie selbst in ihrem Buche den Hergang erzählt, zusammengeführt worden.

Ihr Vater war der gelehrte Ananta Shastri,
der, sehr verschieden von den meisten Hindu-
Männern, sich in liebevollster Fürsorge seiner
kleinen künftigen Frau, Lakschmibai, annahm.

Schon in seinem zehnten Jahre hatte er
ein kleines Mädchen heiraten müssen, die er der
Obhut seiner Mutter übergeben hatte. Er selbst,
ein strebsamer wißbegieriger Jüngling, hatte sich
darauf nach Poona begeben, wohin ihn der Ruf
eines berühmten Gelehrten zog, der der Favoritin
des Peschwa (Fürsten) Unterricht im Sanskrit erteilte. Der junge Ananta Shastri durfte ihn in
den Palast begleiten; dort hörte er bisweilen die
Schülerin seines Meisters Sanskrit-Gedichte hersagen. Die Gelehrsamkeit der schönen Rani
überraschte anfangs den jungen Mann,
dann erfüllte sie ihn mit höchster Bewunderung. Er beschloß, seinem jungen Weibe eine
gleiche Ausbildung zu geben. Sein eigenes

Studium hatte er mit dem dreiundzwanzigsten Jahre beendet; freudig eilte er in seinen Heimatsort, um sein Amt als Lehrmeister anzutreten. Doch seine Braut hegte durchaus nicht den Wunsch unterrichtet zu werden, und da auch seine Eltern dagegen waren, indem sie die Vorurteile ihrer Kaste gegen weibliche Bildung teilten, mußte der Gatte von seinem Vorhaben abstehen. Nach einigen Jahren starb seine Frau.

Der Palast in Poona und die Sanskrit-Gedichte waren dem jungen Witwer aber lebhaft im Gedächtnis geblieben; er nahm sich vor, den nächsten Versuch früher zu beginnen. Die kleine Braut, die er von den Ufern des Godavary heimgeführt hatte, wurde daher sogleich im Sanskrit unterrichtet. Eltern und Anverwandte legten ihm indessen die gleichen Schwierigkeiten in den Weg, — die Schülerin war selbst noch zu jung, um mitsprechen zu können, — er aber, fest entschlossen diesmal seinen Erziehungsplan durchzuführen, verließ mit seinem jungen Weibe das heimatliche Thal und siedelte sich auf der Hochebene des fernen Waldes Gungamul an.

„Die erste Nacht," berichtet Ramabai nach

den Erzählungen der Mutter, „brachten sie in
der Waldeinsamkeit ganz ohne Obdach zu. Bei
einbrechender Nacht nahte sich aus einer Schlucht
ein großer Tiger, der mit seinem entsetzlichen
Gebrüll die Luft erfüllte. Das arme Kind
wickelte sich fest in ihren „pasodi“ (baumwollene
Decke) und lag die ganze Nacht in Todesängsten,
während ihr Gatte Wache hielt, bis das
hungernde Tier bei Tagesanbruch wieder ver=
schwand. Die wilden Tiere weilten noch häufig
um sie herum und erschreckten sie, aber der
Unterricht wurde trotzdem Tag für Tag fort=
gesetzt.“

Lakschmibai nahm bei diesem ernsten ein=
förmigen Leben in der Wildnis an Kenntnissen zu
und wuchs zur Jungfrau heran. Es war auch
eine Art Wohnhaus gebaut worden und nach
einigen Jahren belebte sich das Waldheim durch
muntere Kinder — einen Sohn und zwei Töch=
ter. Der Vater unterrichtete den Sohn und die
älteste Tochter, auch andere junge Leute, die als
Studenten den gelehrten Brahminen aufsuchten.
Ananta Shastri war so berühmt geworden, daß
seine Wohnung in den Bergen, an den Quellen

eines Flusses, wie eine heilige Stätte angesehen
wurde, zu der viele wallfahrteten.

Das jüngste Kind, Ramabai, war im Früh-
ling 1858 geboren. Der Vater hatte nicht mehr
genügend Zeit sich auch ihrer Ausbildung zu
widmen, diese Aufgabe fiel daher der Mutter
zu. Aber die im Hause aufgenommenen Schüler,
die Pilger, die als Gäste dort weilten, die hin-
zugezogenen Schwiegereltern, sowie die eigenen
Kinder nahmen dieselbe derartig in Anspruch,
daß sie ihre kleine Tochter nur frühmorgens
vor Beginn der Hausarbeit unterrichten konnte.

Ramabai erinnert sich tief bewegt dieses
ersten Unterrichts bei Tagesanbruch, auf den
Knieen der geliebten Mutter. Das noch schlaf-
trunkene Kind wurde zärtlich aus dem Bette
gehoben, auf die Erde gestellt und durch viele
Liebkosungen und süße Mutterworte ganz geweckt;
dann, und während die Vögel des Waldes ihre
Lieder anstimmten, sagte sie ihre Aufgaben her,
die von keinem anderen Buche, wie nur von den
Lippen der Mutter entnommen waren.

In dankbarer Erinnerung an diese ersten
Morgenstunden hat Ramabai zwanzig Jahre

später das Buch, durch welches ihr Name weit
über ihre Heimat hinaus bekannt geworden,
dem Andenken der teuren Mutter gewidmet,
„die durch sanften Einfluß und weise Belehrung
die Leiterin und das Licht" ihres Lebens wurde.
Doch das glückliche häusliche Leben, das
Ramabai in ihrer Kindheit genoß, sollte nicht
lange andauern. Ihre älteste Schwester mußte
schon in jungen Jahren aus dem Familienkreise
scheiden und einem Gatten folgen, an dessen
Seite sie so unglücklich lebte, daß ihr früher
Tod ihr selbst wie eine Erlösung erschien. Aber
bereits vorher war der Vater, infolge der zu
ausgedehnten Gastfreundschaft, die er in frommem
Eifer übte, in Schulden geraten. Er sah sich
genötigt, das Heim, das er sich und den Seinen
geschaffen, zu verkaufen und mit Frau und
Kindern ein Pilgerleben zu führen.
Ramabai war damals neun Jahre alt.
Sieben Jahre hindurch wanderte sie mit
ihren Eltern und ihrem Bruder von einer hei-
ligen Stätte zur andern. Aber des Kindes
Unterricht ward nicht unterbrochen; Vater und
Mutter entwickelten liebevoll und sorgsam ihre

herrlichen Gaben; ja, sie wurde „ein Wunder
von Gelehrsamkeit". Dank der Studien, in die
sie sich selbst mit großem Eifer versenkt hatte,
war es ihr gestattet, ganz gegen Sitten und
Gebräuche der hohen Kaste, der sie angehörte,
bis zu ihrem sechzehnten Jahre unvermählt zu
bleiben.

„Seit meiner frühsten Jugend," erzählt
Ramabai, „hatte ich stets eine große Freude an
Büchern, und obgleich ich die Marathi-Sprache
nie wirklich gelernt hatte, wurde sie mir doch
vertraut durch Bücher, das Lesen von Zeitungen
und die Unterhaltungen meiner Eltern, denen
ich lauschte; auch andre Landessprachen eignete
ich mir auf unseren Reisen an."

Ramabai war erst sechzehn Jahre alt, als
sie ihre beiden Eltern rasch hintereinander verlor.
Der Vater war durch Alter gebeugt und bereits
einige Jahre vor seinem Tode erblindet; die
Mutter folgte ihm in wenigen Wochen nach.
Ramabai blieb mit ihrem Bruder allein zurück.
Sie waren so arm, daß sie nicht einmal Brahminen annehmen konnten, um den Leichnam
nach dem Scheiterhaufen, der drei Meilen entfernt

lag, zu tragen. Endlich fanden sich zwei mit-
leidige Brahminen, und mit ihrer Hilfe war es
Sohn und Tochter möglich, die teure Hülle selbst
nach der Verbrennungsstätte zu bringen. Ramabai mußte wegen ihrer kleinen Gestalt ihren
Teil der kostbaren Last auf dem Kopfe tragen

„Warum erwähne ich dieses so unsäglich
traurigen Umstandes?" fragt die Herausgeberin
von Ramabais Buch. „Warum"? fährt sie
fort. „weil wir amerikanischen Frauen in
unseren Familienkreisen niemals in das Antlitz
eines Wesens geschaut haben, dem eine so
erschütternde Aufgabe gestellt war, und inmitten
unseres Wohlstandes thut es not, uns immer und
immer wieder zu sagen, daß Gott uns alle aus
gleichem Stoffe gebildet hat. Ihr, die ihr Buch
hier in Philadelphia schrieb, und der geliebten
Mutter, der sie es widmete, fehlte, sowohl in
den Wäldern Gungamuls wie auf den staubigen
Pfaden ihrer späteren Wanderschaft, die wahre
Gotteserkenntnis; aber trotz dieser großen geist-
lichen Finsternis halfen und stützten sie sich
gegenseitig, mit jener mütterlichen und kindlichen
Liebe, die auf dem ganzen Erdboden dieselbe ist."

Nach dem Tode der Eltern setzten Bruder und Schwester ihre Reisen durch Indien fort, oft unter vielen Mühseligkeiten und Entbehrungen, aber wie jene unentwegt treu in dem einen Streben, ihr Volk für die geistige Ausbildung der Frauen zu gewinnen.

Als sie in Kalkutta anlangten, erregte die junge Gelehrte allgemeines Aufsehen, durch ihre Anschauungen wie durch ihre Kenntnisse. Anerkennungen und Auszeichnungen wurden ihr zu teil. Es wurde ihr auch damals schon der Beiname „Pundita"*) gegeben.

Bald nach ihrer Ankunft in Kalkutta hatte Ramabai das Unglück ihren Bruder zu verlieren.

„Während seiner kurzen Krankheit," schrieb sie, „beschäftigte ihn beständig mein ferneres Schicksal — der Gedanke, was aus mir so ganz allein in der Welt werden würde?" Ich suchte ihn zu beruhigen, indem ich erwiderte: „Nur Gott allein sorgt für Dich und mich." — „Ach!" antwortete er, „wenn Gott für uns sorgt, so fürchte ich nichts." — Und wahrlich,

*) „Gelehrte."

in meiner Verlassenheit schien es mir, als wäre Gott mir nahe, ich fühlte seine Gegenwart."

Nach Verlauf eines halben Jahres heiratete Ramabai einen jungen Gelehrten in Kalkutta. Da sie beide weder an den Hinduismus noch das Christentum glaubten, wurden sie nur durch Civilehe getraut.

Mit der Geburt einer kleinen Tochter erfüllte sich der Lieblingswunsch der beiden Eltern, die ein Mädchen ersehnt hatten und ihr auch deshalb den lieblichen Namen „Manorama" d. h. Herzensfreude gaben.

Doch es war nur ein kurzes Glück, das Ramabai beschieden war. Wenige Monate nach der Geburt ihres Kindchens verlor sie ihren Gatten.

„Nach neunzehn Monaten unseres glücklichen ehelichen Lebens entriß mir die Cholera meinen geliebten Mann," schrieb sie später darüber. „Dieser große Schmerz zog mich näher zu Gott. Ich fühlte, daß er mich in seine Schule nahm."

Die harten Schicksalsschläge hatten die zweiundzwanzigjährige Witwe nicht mutlos

gemacht. Mit klarem Blick und dankbarem
Herzen erkannte sie die Vorzüge, welche sie auf
ihrem Lebenswege vor unzähligen indischen,
besonders verwitweten, Frauen voraushatte,
nämlich die sorgfältige elterliche Erziehung, die
sie viel länger als andere Hindu-Mädchen
genossen und das harmonische Zusammenwirken
mit ihrem Gatten. Sie betrachtete es nur als
eine Pflicht der Dankbarkeit, Aufklärung und
Bildung in das dunkle Dasein ihrer Mitschwestern
hineinzutragen.

Pundita Ramabai nahm ihre frühere
Thätigkeit wieder auf, indem sie Vorlesungen
über die indische Frauenfrage hielt. Mit hin=
reißenden Worten beleuchtete sie das Geschick
und die Stellung der jungen Hindu=Frauen und
Witwen und in ergreifender Weise suchte sie die
herabwürdigenden Anschauungen und Vorurteile
zu widerlegen. Der Ernst und die feurige
Beredsamkeit, mit der sie für ihre Mitschwestern
eintrat, gewannen ihr viele Anhänger, darunter
Dr. W. Hunter, der in hervorragender Weise
für die englische Erziehungsfrage in Indien
gewirkt hat.

Er war selbst so durchdrungen von der Bedeutung Ramabais und den erhabenen Gedanken, die sie beseelten, daß er ihre Person und ihre Thätigkeit zum Gegenstande eines Vortrags in Edinburg wählte. „Als ich," erzählte Dr. Hunter, „die indische Frau der hohen Kaste, ihr Wirken und ihre Ziele geschildert hatte, erhob sich die ganze Versammlung wie ein Mann und bekundete durch begeisterten Beifall ihre Bewunderung und Teilnahme für die Bestrebung der tapferen Vorkämpferin."

Seitdem ist ihr Name in England allgemein bekannt.

In Poona gründete Ramabai einen Verein, der es sich zur Aufgabe machte, die Bildung unter den Hindu-Frauen zu fördern und den Kinderheiraten entgegen zu treten. Dann reiste sie von Stadt zu Stadt, bildete Zweigvereine und erwärmte die Herzen durch ihre Ansprachen.

Als die englische Erziehungs-Kommission im Jahre 1882 Poona besuchte, versammelte sich der Vorstand des neu gebildeten Vereines mit seinen dreihundert Mitgliedern und den bereits aufgenommenen Kindern im Rathause.

In der von Ramabai selbst gehaltenen Be-
grüßungsrede, teilte sie mit, wie trotz des
mangelnden Entgegenkommens seitens der städ-
tischen Behörden, die Bewegung zu Gunsten
der Mädchen-Schulen unter den ersten Familien
Freunde und Förderer gefunden hätte. Dr.
Hunter, der Präsident der Kommission, veran-
laßte darauf Ramabai, durch die an sie gerich-
teten Fragen, sich eingehender über den Gegenstand auszusprechen. Einen kurzen aber
inhaltsvollen Bericht über sich selbst und über
die Erfahrungen und Ansichten, die sie zu
ihrer Auffassung von der weiblichen Erziehung
geführt hatten, schloß sie mit den Worten: „Ich
bin die Tochter eines Mannes, der wegen seines
Eintretens für die Frauenerziehung viel gelitten
hat und genötigt war, inmitten großer An-
fechtungen und Schwierigkeiten, seine Anschauungen zu verteidigen. Ich erachte es für meine
Pflicht, mich dieser Frage bis zu meinem
Lebensende zu widmen, und die Stellung der
Frau hier in meinem Heimatslande zu vertreten."
Sie berührte ferner den sehr beklagenswerten
Mangel an Ärztinnen, und bat die Regierung

inständig, da dem männlichen Arzte das Be-
treten des Frauengemaches untersagt sei, den
Frauen das Studium der Medizin zu ermöglichen,
und somit das Leben von hunderttausenden von
Frauen zu retten.

Vielleicht haben ihre Worte mit dazu bei-
getragen, daß sich auf Anregung der Kaiserin
und Königin Victoria der Verein gebildet hat,
der sich heute als: Association for Supplying
Female Medical Aid to the Women of
India*) so segensreich bethätigt.

Inzwischen erkannte Ramabai inmitten
ihres Arbeitens und Wirkens, daß sie, um noch
größere Erfolge zu erreichen, selbst noch der
Schulung und einer umfassenderen Ausbildung
bedürfe. Auch war sie sich immer mehr der
göttlichen Führung bewußt geworden; ihre Seele
fühlte sich zu Gott emporgehoben. Sie schrieb
später über jene Zeit: „Ich hatte ein sehnsüchtiges
Verlangen nach England zu gehen, und würde
gegenüber den Vorurteilen meiner Landsleute,
diesen Wunsch niemals zur Ausführung haben

---

*) Verein zur Ausbildung weiblicher Ärzte für die
indischen Frauen.

bringen können, wenn ich mich nicht stark in dem Glauben an Gott gefühlt hätte. Eine überseeische Reise ist ein großes Unternehmen für eine Hindu-Frau; man sondert sich dadurch gleichsam von seinem Volke ab. Aber eine Stimme sprach zu mir wie zu Abraham ... Heute erscheint es mir fast wunderbar, wie ich mich damals mit meinem Kinde einschiffen konnte, einzig und allein mich Gottes Schutz überlassend. Ich zog aus wie Abraham, ohne zu wissen, wohin ich ging."

Starkmütig überwand Ramabai alle Bedenken. Im Jahre 1885 schiffte sie sich mit ihrer kleinen Tochter nach England ein. Hier fand sie freundliche Aufnahme bei den Schwestern von „St. Mary's Home" in Wantage. Bald darauf trat sie aus voller Überzeugung zum Christentum über. „Allmählich," äußerte sie „wurde ich mit den Wahrheiten des Christentums vertraut, und sah ein, daß seine Philosophie weit höhere Wahrheiten enthält als alle diejenigen, die unsere Gesetzbücher lehren. Es wurde mir klar, daß das Christentum uns nicht nur Vorschriften, sondern auch ein vollkommenes

Vorbild giebt, und uns mit den Vorschriften
und dem Vorbilde zugleich die göttliche Gnade
verheißt, durch die wir diesem Beispiele folgen
können."

Es war im September 1883, als sie in
Wantage, nebst ihrer kleinen Tochter, nach dem
Ritus der anglikanischen Kirche getauft wurde.
Sie blieb ein Jahr in Wantage, um die
englische Sprache zu erlernen. Dann trat sie in
das „Ladies' College*)" zu Cheltenham ein,
wo sie als „Professor of Sanskrit" unterrichtete.
Ihre freie Zeit widmete sie den Studien der
Mathematik, der Naturgeschichte und der eng-
lischen Litteratur.

Trotz aller neuen Eindrücke und Anre-
gungen, die sie empfing, gehörte aber ihr Denken
und Streben stets ihrem Indien, an dessen
Sitten sie auch in der Fremde festhielt. Sie trug
das weiße Gewand der Witwen und blieb
während ihrer vierjährigen Abwesenheit von
der Heimat der Pflanzenkost treu. Aus ihrer
natürlichen und doch so bilderreichen Ausdrucks-
weise wehte denen, die ihr begegneten, ein, man

*) „Höhere Ausbildungsschule für Frauen."

möchte sagen, biblischer Geist entgegen, und aus ihren großen, glänzenden, tiefschwarzen Augen leuchtete schlichtes Vertrauen, wie das eines Kindes, welches noch nicht gewöhnt war, selbst zu beobachten.

Neben den wissenschaftlichen Kenntnissen, die sie mit unermüdlichem Eifer einsammelte, wirkte auch der Umgang mit den Schwestern in Wantage und den gebildeten Damen in Cheltenham wohlthuend und fördernd auf sie ein.

So vorbereitet auf ihre Mission unter Indiens Frauen, sah sie bereits dem Rufe an eine weibliche höhere Lehranstalt in ihrem Heimatslande entgegen, als sie sehr unerwartet eine Einladung nach Philadelphia empfing.

Dort sollte ihre Landsmännin, Anandibai Joshee mit der Doktorwürde bekleidet werden, und Ramabai wurde gebeten, der Feier beizuwohnen.

Nach einigem Zögern entschloß sie sich, ihr Studium in England zu unterbrechen, in der Hoffnung, auch in Amerika viel Neues kennen zu lernen, das ihren Zwecken dienen würde.

Im Februar 1886 schiffte sie sich in Be

gleitung ihrer fünfjährigen Tochter nach Philadelphia ein. Zunächst begrüßte sie ihre junge Landsmännin und Verwandte Anandibai Joshee.
Mit stolzer Freude stand sie ihr an ihrem Ehrentage zur Seite. War dieselbe doch die erste Hindu-
frau, die sich den Doktor-Titel erworben hatte,
und nun berufen schien, in der Heimat ihren
Mitschwestern Hilfe und Rettung zu bringen.

Anandibai Joshee war als achtzehnjährige
junge Frau nach Amerika gekommen. Wie
Ramabai hatte sie mutig alle Vorurteile gegen
eine Seereise überwunden, in der Hoffnung, später
zum Segen ihres Volkes zu wirken. Sie behielt
ebenfalls die Nationaltracht bei und beobachtete
treu auch in der Fremde alle Vorschriften ihrer
heimatlichen Religions- und Sittengesetze; dadurch
hatte sie vieles zu bekämpfen, was ihr das Leben
im Auslande unter Christen erschwerte.

„Sie wird mir unvergeßlich bleiben,“ schreibt
die Herausgeberin des Ramabaischen Buches,
die Dr. Anandibai Joshee während ihres Aufenthaltes in Philadelphia bei sich aufgenommen
hatte, „die kleine zarte Erscheinung im blauen
baumwollenen Kleide, die so kindlich und doch

so würdevoll einherschritt und in stiller Geduld täglich ihrem ernsten Studium oblag." „Ich will als Hindu nach Amerika gehen," hatte sie bei ihrer Abreise gesagt, „und auch als Hindu zurückkehren," —ein Entschluß, den sie bis zu ihrem Tode durchgeführt hat.

Aber sie hatte sich zu viel zugemutet, die kleine tapfere Kämpferin. Als sie, mit dem wohlverdienten Doktortitel, an der Seite ihres Gatten nach vierjährigem Leben in der Fremde in die Heimat zurückkehrte, versagten die Lebens= kräfte. Sie sollte die Früchte ihrer Arbeit und Selbstverleugnung nicht mehr ernten, — es war ihr nicht beschieden, den Mitschwestern die er= sehnte Hilfe zu bringen. Erschöpft sank sie auf das Krankenlager. Weder die Liebe von Eltern und Geschwistern, noch die hingebendste Für= sorge ihres Mannes vermochten den erlöschenden Funken wieder anzufachen. Doch keine Klage kam über ihre Lippen; sie litt still und freudig. Das Bildnis, welches von der irdischen Hülle auf= genommen wurde, bevor sie sich in Rauch und Asche verwandelte, zeugt von dem gewaltigen Kampfe gegen Leid und Schmerz und ruft der

Mitwelt zu: Ich habe gethan, was ich konnte! Ihr frühes Ende, in dem Augenblicke, als sie ihren Beruf antreten wollte, erregte die allgemeinste Teilnahme. Bei der Verbrennungsfeier in Poona wurden ihrem Andenken die größten Ehrenbezeugungen gezollt.

In einem Nachrufe, den Ramabai der Freundin widmete, sagte sie: „Dr. Anandibai Joshee ist von uns geschieden und in die höhere Welt eingegangen, aber ihr Beispiel wird nicht fruchtlos sein. Die Brahminin, die wir betrauern, hat der Welt bewiesen, daß Tugenden wie Ausdauer, Selbstlosigkeit, unerschrockener Mut und der hochherzige Wunsch, dem Vaterlande zu dienen, auch unser Geschlecht, das so oft „das schwache" genannt wird, beseelen können. Sie verdient es unter allen denen hochgepriesen zu werden, die bestrebt waren, ihr Leben dem Wohle des Vaterlandes zu weihen .... Um in Dankbarkeit ihr Andenken unter uns fortleben zu lassen, schlage ich vor eine andere opferfreudige Frau, die bereit ist, sich dem medizinischen Studium zu widmen, mit den nötigen Geldmitteln dazu auszurüsten! ....."

Doch wir kehren zu Ramabai selbst zurück
und sehen, wie sie ihren Aufenthalt in Amerika
ausnützte.

Das Arbeiten der amerikanischen Frauen
für das eine gemeinsame Ziel — das Wohl
der Mitmenschen, machte einen gewaltigen
Eindruck auf sie. Die Hoffnung, auch einst ihre
Landsmänninnen von gleichen Bestrebungen
durchdrungen zu sehen, erhöhte ihr Interesse an
allen Unternehmungen und Einrichtungen, die
sie kennen lernte. Ganz besonders fesselten sie
die „Kindergärten." Sie sah hier einen Plan
verwirklicht, der ihr selbst schon vor Jahren
vorgeschwebt hatte, nämlich die Gründung von
Schulen, in denen die Ausbildung der Hand-
fertigkeit zugleich mit der Entwicklung der
geistigen Fähigkeiten erstrebt wird. In dem
fröbelschen Systeme eröffnete sich ihr ein weites
Feld für die Erziehung der kleinen indischen
Witwen.

Ihr bisheriger Wunsch, die Ausbildung
einzelner Frauen in den höheren Regierungs-
schulen zu fördern, trat jetzt in den Hintergrund,
während ihre Gedanken sich immer lebhafter

mit den von Hindu-Frauen für ihr Geschlecht
zu gründenden Schulen beschäftigten.

Sie gab den Plan wieder nach England
zurückzukehren auf und ließ sich in Philadelphia in einer Schule für Ausbildung von
Kindergärtnerinnen als Schülerin aufnehmen;
außerdem übersetzte sie Bücher, die Anleitungen
zu den fröbelschen Spielen und Handarbeiten
gaben, und verfaßte selbst Schulbücher für Hindu-
mädchen.

Dann, bevor sie nach Indien zurückkehrte,
schrieb sie, man darf wohl sagen mit ihrem
Herzblut, denn es war wie ein Schrei aus tiefster
Seele, ihr Buch: „The High-Caste Hindu
Woman." *)

Es ist das Buch, in welchem sie das jammer-
volle Schicksal der Hindu-Frau schildert, von
deren Geburt bis zu ihrem Tode, und ganz
besonders das der „Kind-Witwen" (Child-Wi-
dows), der jungen Wesen, die bereits mit dem
achten Jahre einen Gatten angetraut, denselben
früh verloren haben und dann ein langes Leben
ohne jegliche Freude und Befriedigung fristen.

*) Die Hindu-Frau der hohen Kaste.

So schwer es ihr auch wird, deckt Ramabai
das Elend auf, in der Hoffnung, das Mitgefühl
der civilisierten Welt zu erwecken und zur Mit-
hilfe an ihrem Wirken zu ermuntern.

Als Ramabai Philadelphia verließ, fragte
die Herausgeberin des Buches, ob sie noch einen
Auftrag für die Leser desselben hätte: „Erinnern
Sie dieselben daran," sagte Ramabai mit beweg-
ter Stimme, indem sie meine Hand ergriff, „daß
der Erlöser aus Nazareth kam, daß Großes in
der Welt geleistet worden ist durch Werkzeuge,
die die Welt verachtete. Bitten Sie sie, mir zu
helfen, die Kind-Witwen der hohen Kaste zu
erziehen, denn ich bin fest überzeugt, daß diese
gehaßte und verachtete Menschenklasse, wenn sie
den Segen der Bildung empfangen hat, berufen
ist, mit Gottes Hilfe Indien zu erlösen."

Im Jahre 1887 kehrte Ramabai nach
Indien zurück.

Die Geldmittel, deren sie zur Ausführung
ihres Unternehmens bedurfte, waren gering;
aber die vielen amerikanischen Freunde, die sie
für dasselbe begeistert hatte, halfen treulich.

Das erste Heim für die jungen indischen

Witwen eröffnete sie in Bombay. Später hat
sie es nach Poona verlegt, weil dort das Klima
gesunder und das Leben billiger ist.

Wir werden durch den zweiten Teil dieses
Büchleins in das Elend schauen, aus dem Ramabai das verachtete und verstoßene indische Weib
zu retten sucht, und sie wegen des Mutes segnen,
mit dem sie die Vorurteile und die starren For-
men des indischen Familienlebens bekämpft und
dieselben zu überwinden strebt.

Wer heute in die Heimstätte tritt, welche
Ramabai gründete, der glaubt an das Nahen
einer Morgenröte. Aus mageren, kahlköpfigen,
scheublickenden kleinen Witwen sind emsige, fröhliche, rundbäckige Kinder geworden. Ohne
Scheltworte übernehmen sie jede häusliche Be-
schäftigung; willig gehen sie an jede Lernaufgabe,
um danach heiter und unbefangen zu spielen.
Es ist, als sei die dunkle ihnen selbst noch so
unfaßliche Zeit der Witwenschaft aus ihrem
Leben gelöscht.

Ramabai bleibt demütig und bescheiden.
Dankbar erkennt sie an, daß ihre Kraft und
Hilfe von dem Gott kam und kommt, den sie

so lange suchte und den sie erst durch die Heils-
lehren des Christentums fand.

Sie ist auch dankbar für das segensreiche
Wirken der Missionsgesellschaften und deren
Lehrerinnen.

Sie selbst spricht zu ihren Landsmänninnen
zunächst nur als Hindu-Frau, ohne deren religiöse
Auffassungen durch Lehren beeinflussen zu wollen,
aber auf den Bücherfächern der Schulstuben
steht neben den heiligen Büchern des Orients
die Bibel, und Ramabai bittet Gott in ihren
Gebeten, daß Er die Herzen öffnen und den
ewigen Wahrheiten zuführen wolle.

Zweiter Teil.

Auszüge aus Pundita Ramabais Buch:

„Die Hindu-Frau der hohen Kaste."

Zum richtigen Verständnis des Lebens der Hindu-Frau bedarf es eines Einblickes in Religion und Sitten der Hindus. Dieselben bilden etwa drei Fünftel der Bevölkerung Hindustans; ihre Religion ist in allen Landesgebieten, die sie bewohnen, die gleiche, während die Sitten, wenn auch in den Hauptpunkten übereinstimmend, kleinen Veränderungen, je nach den Gegenden, unterworfen sind.

Die heiligen Schriften der Wedas sind die hauptsächlichsten Religionsurkunden der Hindus. Sie glauben an ein höchstes, heiliges, rein geistiges Wesen, das alles im Universum aus sich selbst geschaffen hat und allgegenwärtig ist. Sie beten deshalb Gestirne, Flüsse, Berge, Tiere u. s. w. an, da die Gottheit allen innewohnt und sie Offenbarungen desselben Geistes sind.

Jede dieser Offenbarungen ist ein Gegenstand der Verehrung. Der Hindu wählt sich seine Lieblingsgottheit, nennt sie den Weltbeherrscher, und die anderen Gottheiten seine Diener. *) Er glaubt an die Unsterblichkeit der Seele, insoweit dieselbe eines Wesens mit Gott ist. Der Mensch wird je nach seinen Handlungen belohnt oder bestraft; er hat verschiedene Existenzen durchzuleben, um die Früchte seiner Handlungen zu ernten. Ist er endlich von den Folgen seiner Thaten befreit, indem er zur Erkenntnis des großen Geistes und seines Verhältnisses zu demselben gelangt ist, so kehrt er wieder zu dem Urquell alles Daseins zurück, und hört auf eine Individualität (ein Einzelwesen) zu sein, gleichwie der Fluß, der in das Meer fließt, aufhört sich von dem Ocean zu unterscheiden.

Nach dieser Lehre kann ein Mensch acht Millionen vierhunderttausend Mal geboren werden, bevor er würdig ist Brahmine zu sein, d. h. zur ersten und höchsten Kaste zu gehören; er muß aber Brahmine gewesen sein, damit er sich

---

*) Pundita Ramabai: Die Hindu-Frau der hohen Kaste.

in dem das Weltall durchdringenden Geist auf-
lösen kann. Ein Brahmine muß also beständig
die höchste Vollkommenheit des Wissens zu
erlangen suchen, um dadurch der langen Reihe
der traurigen irdischen Existenzen zu entgehen.
Die leiseste Übertretung des Religions- und
Sittengesetzes zieht die erniedrigende Strafe nach
sich, von neuem geboren zu werden und noch-
mals zu sterben.

Alle Sitten und Gebräuche der Indier
wie auch ihr tägliches Leben werden von der
Religion beeinflußt, ja „der Hindu sündigt sogar religiös,“ sagt mit Recht ein humoristischer,
Schriftsteller. Aufstehen, Putzen der Zähne,
Händewaschen, Baden, Bekleiden, Anzünden
einer Lampe, Essen, Trinken, kurz alles geschieht
nach Vorschrift, unter tiefem Schweigen und
mit Gebet.

Von alters her eingeführte Sitten gelten
für geweiht, auch wenn sie nicht in den Gesetz-
büchern enthalten sind; ein Verstoß gegen dieselben wird bestraft, kann sogar die Exkommuni-
kation — den Ausstoß aus der Kaste — zur
Folge haben.

3

So z. B. verbietet, entgegen dem Gesetz, eine
seit alter Zeit eingeführte Sitte, den Genuß von
Speisen, die von solchen zubereitet sind, die einer
niedrigeren Kaste angehören. Wer dawider
handelt, wird aus der Kaste ausgestoßen und kann
nur durch Bußübungen wieder hinein gelangen.
Die Einteilung des Volkes in vier Kasten
ist von den arianischen Hindus ausgegangen. Sie,
die begabtesten und intelligentesten unter den
Hindus, waren der Ansicht, daß ein Abteilen der
bürgerlichen Gesellschaft je nach der Art der
Arbeit, dem Wohle des Ganzen förderlich sein
würde. Den Priestern — Brahminen — wurde
die geistige Leitung aller anvertraut, und ihre
Kaste als die höchste und vornehmste anerkannt;
die Krieger bildeten die Kschatriya-Kaste und die
Kaufleute die Vaisya-Kaste; die dienende Klasse
wurde die Schudra-Kaste genannt.

Die vier Kasten sind wiederum in Clans
(Stammverbände) geteilt. Töchter vornehmer
Clans dürfen nicht in untergeordnetere hinein heiraten; thuen sie es dennoch, so müssen sie auf Kasten-
und Standesvorrechte wie auch auf den Verkehr
mit ihren Verwandten und Freunden verzichten.

Der Kastengeist ist ein so tief eingewurzelter, daß auch zum Christentum übergetretene Hindus sich nicht davon befreien können, und noch vor wenigen Jahren hat ein protestantischer Geistlicher bei der Feier des heiligen Abendmahles sich für jede Kaste eines besonderen Kelches bedienen müssen.

———

Die Weisen und Gelehrten, die in ihren heiligen Schriften die Glaubenssätze und Lebensregeln ausgesprochen haben, die noch heutigestags die Religion der Hindus bilden, gehen in manchen Lehren auseinander, stimmen aber alle in ihrer Beurteilung der Frau überein, alle, auch der Gesetzgeber Manu, verachten sie.

Die Gottheit wird daher nie um Töchter gebeten. Älteste und Priester segnen eine Frau oder ein Mädchen mit den Worten: „Möchtest Du Mutter von acht Söhnen werden und Dein Gatte Dich überleben!" Manu verheißt dem Vater „ewige Glückseligkeit" durch einen Sohn, und das Gesetz gestattet sogar dem Gatten seine Frau zu verstoßen, wenn sie ihm nur Töchter und keinen Sohn schenkt.

3*

Kommt in einer Familie ein Mädchen vor einem Knaben zur Welt, so beginnen die Leiden des armen kleinen Wesens gewöhnlich mit dem Tage seiner Geburt. Wohl giebt es Mütter, die, um das Töchterchen nicht den Zorn des Vaters empfinden zu lassen, es mit doppelter Zärtlichkeit an ihr Herz drücken und mit Mutterliebe hegen und pflegen. Aber nur zu oft rächt sich die unglückliche Frau, die nun die Gunst des Gatten verloren hat, an dem unschuldigen kleinen Geschöpf, das bald sein Elend zu fühlen anfängt, ohne zu wissen, warum es leiden muß.

Wird nun gar ein Mädchen nach dem Tode des Sohnes geboren, dann betrachten Eltern, Verwandte und Nachbarn diese als die Ursache des Unglücks, schlagen, schmähen und mißhandeln sie, solange sie im Elternhause weilt. Ich bin mit blutendem Herzen Augenzeugin solcher Behandlungen gewesen und habe den traurigen Blick gesehen, mit dem Töchter verwundert ihre Eltern anschauten und ihren Zorn nicht begreifen konnten. Ist in der Familie außer dem Verstorbenen noch ein Sohn am Leben, so wird er der allgemeine Verzug; Eltern und Freunde überschütten ihn mit Liebkosungen, Geschenken, Lobeserhebungen und Zärtlichkeitsbeweisen jeglicher Art, während das kleine Mädchen bei jeder Gelegenheit zu fühlen bekommt, daß ihr kein Anteil an allem gebührt, was der Bruder genießt und sie nur ein unwillkommener Eindringling in der Familie ist.

Da ist es nicht zu verwundern, wenn Brüder in hochmütiger Selbstüberschätzung auf die Schwestern herabblicken und mit denselben bald ihr ganzes Geschlecht verachten, die Mädchen aber unter den beständigen Demütigungen verschlossen, erbittert und traurig werden. — Zu ihrer Ausbildung geschieht wenig, sie lernen Gebete und einige Volkslieder auswendig, selten mehr. Mit sechs oder sieben Jahren müssen sie schon der Mutter in der Wirtschaft helfen. Das Kind tröstet sich mit dem Gedanken, daß es bald verheiratet wird und dann das Elternhaus verläßt.

Die Kastensitte legt Vätern die Verpflichtung auf, Töchter zu verheiraten, und dieser Umstand trägt wesentlich dazu bei, ihnen Mädchen zu verleiden; beginnt doch mit dem Tage

ihrer Geburt die Sorge um die Zukunft.
Hochzeitsfeiern sind die kostspieligsten aller Feste,
und da die Armut in Indien sehr groß ist, so
ziehen mehr als zwei Hochzeiten oft den Ruin
eines Vaters nach sich. Läßt aber ein Familienvater seine Töchter unvermählt, dann wird er
aus der Kaste ausgewiesen und die Zielscheibe
des Spottes. Außerdem muß die Tochter auch
in einem bestimmten jugendlichen Alter einem
Manne angetraut werden und dieser derselben
Kaste angehören und einem gleich angesehenen
oder noch vornehmeren Geschlechte entstammen
wie das des Vaters.

Trotz Armut haben die Brahminen des
östlichen Indiens ihre Clan-Vorurteile seit hunderten von Jahren beobachtet, sie auch durch
die gestattete Vielweiberei erfolgreich für sich
ausgenützt. Ein Brahmine von hoher Ab-
stammung heiratet geschäftsmäßig bis an hun-
dertundfünfzig Mädchen. Er reist im Lande
umher, heiratet hier und dort, empfängt Ge-
schenke von den Eltern, sagt der angetrauten
kleinen Frau Lebewohl und kommt nie wieder!
Der vornehme Brahmine braucht nicht die

Fürsorge aller seiner Frauen zu übernehmen.
Die Eltern verpflichten sich die verheiratete
Tochter ihr ganzes Leben hindurch zu versorgen,
wenn sie für immer bei ihnen bleibt. Bei
einer derartigen Eheschließung hat der Vater
nicht Geld über seine Mittel zu opfern; auch
wird ihm der Unterhalt der Tochter nicht allzu
kostspielig, denn sie muß das Kochen und die
ganze Hausarbeit übernehmen. Der Vater dagegen hat vor der Welt seine Pflicht gethan
und die Befriedigung sich durch die Heirat seiner
Tochter mit einem hochgebornen Clan den Eingang in den Himmel erworben zu haben.

In der Kriegerkaste herrscht jedoch diese
Art der Vielweiberei nicht, Töchter sind deshalb
um so unbequemer und kostspieliger, daher die
entsetzliche Sitte des Mordes von Kindern
weiblichen Geschlechtes. In Nordost- und
Mittelindien lebt ein Volksstamm, die Rajputs,
der zur Kriegerkaste gehört. Wird dort in einer
Familie ein Kind geboren, so versammeln sich
alle Freunde und Nachbarn bei dem Vater, um
zu gratulieren. Musik, fröhliche Gesänge, Leckerbissen feiern die Ankunft eines Knaben; ist aber

ein Mädchen erschienen, dann meldet der Vater einfach: „Nichts ist geboren," und alle gehen ernst und schweigend nach Hause.

Die Väter pflegten sich auszurechnen, wieviel Mädchen allenfalls gestattet sein dürfte zu leben, die überzähligen wurden gleich bei der Geburt getötet, etwa wie man sich von Mosquitos oder einem sonstigen lästigen Insekt befreit.

Religion und gewissenhafte Menschen billigen nicht gerade den Kindesmord, er wird aber in jenen Landesteilen stillschweigend geduldet. Die englische Regierung hat versucht, die grauenvolle Sitte in den halb unabhängigen Staaten zu verbieten, und Hindu-Fürsten haben sie dabei unterstützt, indem sie Erlasse gegen zu hohe Aussteuern und kostspielige Hochzeitsfeiern gaben. Doch Kasten- und Clan-Vorurteile überwinden sich nicht leicht, und Gesetze können nicht einen Glauben ausrotten, der seit Jahrhunderten in den Herzen eingewurzelt ist.

Einige Tropfen Opium oder ein geschickter Druck auf den Hals genügen gewöhnlich, um den gewünschten Erfolg herbeizuführen. Es

giebt auch Kinderräuber, die hauptsächlich
Mädchen stehlen, und die wilden Tiere sind so
klug, daß sie sich als beste Leckerbissen immer kleine
Mädchen wählen! Noch im Jahre 1870 wurde
die seltsame Thatsache gemeldet, daß in der
Stadt Umritzar in einem Jahre nicht weniger
als dreihundert Kinder — und zwar nur
Mädchen — von Wölfen gestohlen wären.

Die Volkszählung von 1880—81 ergab
ungefähr fünf Millionen mehr Männer als
Frauen. Nächst dem Kindermorde ist an diesem
erstaunlichen Zahlenverhältnis freilich auch der
Mangel an ärztlicher Pflege Schuld, unter dem
die Frauen in ganz Hindostan leiden.

Die Sitte der frühen Heiraten ist in Indien
wenigstens fünf Jahrhunderte älter als die
christliche Ära. Je früher ein Brahmine seine
Tochter einem Gatten antraut, desto größer ist
sein Lohn im Himmel. Nach dem Gesetz soll
ein Hindu-Mädchen der hohen Kaste zwischen
dem achten und zwölften Jahre heiraten, häufig
indessen wird schon dem fünfjährigen Kinde ihr
künftiger Gatte zuerteilt. Knaben werden vom

zehnten Jahre an verheiratet; verliert ein Mann
seine erste Frau, so kann er das zweite Mal
selbst wählen.

Der Mann darf allenfalls unvermählt
bleiben, aber für ein Mädchen ist es schmach-
voll, wenn sie ledig bleibt.

Wie überall in der Welt, so spielt auch
unter den Hindus Reichtum eine große Rolle.
Charakter und gute Eigenschaften kommen bei
dem Knaben, dem künftigen Gatten, nicht in
Betracht. Eltern sehen hauptsächlich darauf,
daß ihre Töchter in Familien hinein heiraten,
in denen sie gut ernährt und gekleidet werden;
ob sie glücklich sind, ist gleichgültig. Oft werden
acht- bis neunjährige kleine Mädchen Männern
von sechzig oder siebzig Jahren angetraut, auch
solchen, die ihrer ganz unwürdig sind.

Manche Eltern, denen das Glück ihres
Kindes etwas am Herzen liegt, befragen allerdings vor Abschluß einer geplanten Ehe das
Horoskop und es kommt vor, daß eine Heirat
unterbleibt, wenn aus den Sternen hervorgeht,
daß die Frau den Mann überlebt. Für eine
meiner Bekannten wurden dreihundert Horoskope

verworfen, bis die Sterne endlich günstig für
Mann und Frau standen.

Kurz vor dem Hochzeitstage pflegt die
Mutter ihrer kleinen Tochter viel Zärtlichkeit
zu beweisen und bei den üblichen Besuchen, die
sie der künftigen Schwiegermutter abstattet, bittet
sie sie unter Thränen, die kleine Fremde wie ihr
eigenes Kind mit Milde und Nachsicht zu be-
handeln. Das wird versprochen, aber selten
gehalten. Am Hochzeitstage übergeben die Eltern
ihre Tochter feierlichst dem Knaben; dann traut
der Priester das kleine Paar unter Hersagen
weihevoller Sprüche und erklärt sie vor dem
heiligen Feuer und in Gegenwart von Verwandten und Freunden für Mann und Weib.
Die Ehe ist somit geschlossen und unauflöslich.
Sie ist das einzige „Sakrament," welches eine
Frau der hohen Kaste empfängt, und auch dieses
wahrscheinlich nur dem Knaben zu Ehren. Das
Mägdlein ist nun nicht allein Eigentum des
Mannes, sondern gehört auch fortan ganz der
neuen Familie an.

Frägt man unsere kleinen Mädchen im
Scherz, ob sie sich bald verheiraten möchten, so

sagen sie natürlich in aller Unschuld „ja!"
denn es schwebt ihnen in der Erinnerung manch
heiteres Hochzeitsfest vor. Schöne Kleider, Aus-
schmückungen des Hauses, Musik, Gesang,
Feuerwerk, Süßigkeiten, Blumen, bunte Lampen,
alle diese Herrlichkeiten entzücken die Phantasie
des Kindes; dazu kommt häufig noch der
große Elefant, auf dem die angetrauten Kinder
zwischen den Gästen unter Ehrenbezeugungen
umherreiten.

Kein Wunder, daß ein Hindu-Mädchen,
das unter der Lieblosigkeit von Eltern und
Geschwistern zu leiden gehabt hat, sich nach
solchem Fest- und Ehrentage sehnt. Die Ärmste
ahnt nicht, was ihr bevorsteht. Die Kindheit
war noch die Wonnezeit ihres Lebens, da konnte
sie doch wenigstens frei und ungebunden umher-
laufen. Ist aber einmal das bindende Wort
gesprochen, das sie dem Manne übergiebt, so ist
auch zugleich auf ihren Nacken das schwere Joch
gelegt, das sie bis zu ihrem Tode zu tragen hat.
Nach der Trauung übernimmt die Mutter des
Knaben die kleine Braut, deren alleinige Herrin sie
ist, bis sie das Alter erreicht hat, das ihr gestattet,

nach einer zweiten ceremoniellen Feier, mit dem Gatten vereint leben zu können.

Im Orient und auch ganz besonders in Indien ist es Sitte, daß die Familie beisammen bleibt, indem oft vier Generationen unter ein und demselben Dache wohnen. Die Häuser bestehen aus zwei getrennten Teilen, dem inneren und äußeren Hof, haben nur wenige Fenster und sind gewöhnlich dunkel; der Hof der Männer ist verhältnismäßig heiter und angenehm.

Der Frauenhof liegt am hinteren Teile des Hauses, wo beständige Dunkelheit herrscht. Hierher wird die Kind-Braut gebracht, hier wird sie eingeschlossen. Im Hause ihres Schwiegervaters nimmt sie den untersten Platz ein. Die Erziehung, die sie empfängt, bezweckt alle persönlichen Neigungen des Kindes gänzlich zu unterdrücken. Sie darf niemals laut sprechen und lachen. In Nord-Indien, wo alle Frauen Schleier tragen, bedeckt die junge Frau damit ihr Antlitz in Gegenwart der männlichen Anverwandten; andere Männer bekommt sie überhaupt nie zu sehen. In Süd-Indien wird kein Schleier getragen, die Frauen verhüllen sich daher auch nicht, bleiben aber als Zeichen der Ehrerbietung in Gegenwart des Mannes stehen.

Die Schwiegermütter beschäftigen ihre Töchter im Haushalt, um sie in allen häuslichen Pflichten zu unterweisen. Selten hört das arme Kind ein freundliches Wort; ist ihre Arbeit gut ausgeführt, so wird sie schweigsam hingenommen; jedes Versehen aber ruft einen ganzen Schwall von Schelt- und Schmähworten hervor; bittere Thränen, die sie in der Stille vergießt, sind dann ihr einziger Trost. Es giebt auch wohlwollende Schwiegermütter, aber sie gehören zu den Ausnahmen. Gerade diejenigen, die in der eignen Jugend eine schlechte Behandlung erfahren haben, sind hartherzig geworden; ja, sie gehen so weit, daß sie das Kind nicht nur selbst schlagen, sondern auch noch den Sohn zur Züchtigung herbeirufen. Ich habe wiederholentlich gesehen, wie junge Frauen von ihren Männern auf das roheste geschlagen wurden, ohne daß auch nur ein Funke von Liebe sie davon abgehalten hätte.

Die Ehe wird, wie wir gesehen haben, ohne Einwilligung der Beteiligten geschlossen; bis zur zweiten Feier darf die Braut kein Wort mit

dem Gatten wechseln, überhaupt in keinem Verkehr mit ihm stehen. Auch nachher verbietet
die Sitte dem jungen Paare Zuneigung in
Gegenwart anderer zu zeigen. Natürlich bleiben
sich die jungen Leute fremd, empfinden in vielen Fällen Abneigung und nur zu oft sogar
Haß gegeneinander.

Trotz alledem giebt es freilich auch glückliche Ehen in Indien, und manches Weib, das
sich von der Liebe ihres Gatten getragen weiß,
hat über nichts anderes zu klagen, als über den
Mangel an Freiheit im Denken und Handeln,
und da sie Freiheit niemals wirklich gekannt
hat, so weiß sie auch nicht, was sie entbehrt.
Ein wahrhaft gemütliches Familienleben giebt
es jedoch nicht. Die Männer bringen ihre
Mußestunden und Abende mit ihren Freunden
zu, entweder im eignen Hofe oder auswärts.
Die Kinder halten sich wohl bei Vater und
Mutter auf, empfangen aber nie Liebkosungen
ihres Vaters in Gegenwart von dessen Eltern;
einen jungen Vater hält eine gewisse Schüchtern-
heit sogar ab, mit seinen Kindern unbefangen
zu plaudern. — Die Weiber speisen nach den

Mahlzeiten der Männer, und die Frau verzehrt
gewöhnlich das, was der Gatte die Gnade gehabt hat, auf seinem Teller liegen zu lassen.

Der Gesetzgeber Manu befiehlt allerdings
die Mutter hochzuschätzen, ja, sie wie eine Gottheit zu ehren. „Deine Mutter soll Dir wie ein
Gott sein," lautet eines der vornehmsten Gebote,
und in des Sohnes Haushalt herrscht sie auch
als Königin, welcher Söhne und Töchter gehor-
chen. Aber Manu sagt zugleich von allen
Weibern: „Sie sind unlauter wie die Falschheit
selbst." -- und „verführen den Mann," und
das Mißtrauen, die Geringschätzung, die der
Ausspruch hervorruft, wird, wie auf alle Frauen,
so auch auf die Mutter übertragen. Manu
befiehlt ferner, den Frauen keine Freiheit zu gestatten, sie stets unter die Abhängigkeit und Obhut
der männlichen Glieder der Familie zu stellen.
Um sie vor Thorheiten zu schützen, sind ihr nur
Haushaltungsgeschäfte und andere Arbeiten er-
laubt. Der Segen geistiger Unterhaltungen wird
ihr nicht gewährt. Sie darf nicht einmal die
heiligen Schriften lesen oder ein Wort daraus

daraus ihrem Gedächtnisse einprägen. Will man das „ungebildete" auf so niedriger Stufe stehende Weib ehren, so giebt man ihr Geschmeide, bunte Bänder und Leckerbissen. Die Mutter des Volkes, das hingebende Weib, die zärtliche Tochter und Schwester ist nach Hindu-Gesetz für Unabhängigkeit nicht geeignet, und „unlauter wie die Falschheit selbst". Man darf ihr niemals trauen, ihr nie wichtige Dinge übergeben!

Die weltliche Litteratur schildert die Frau keineswegs wohlwollender. Da finden sich z. B. in einem Schulbuche folgende Fragen und Antworten:

F. Was ist boshaft?

A. Das Herz der Schlange.

F. Was ist noch boshafter?

A. Das Herz der Frau.

F. Was ist das boshafteste von allen?

A. Das Herz einer Witwe, die weder Söhne noch Geld hat.

In einem Katechismus, den ein vornehmer hochgebildeter Hindu zusammengestellt hat, heißt es:

4

Frage. Welches sind die Fesseln des Mannes?
Antwort. Die Frau.
F. Wem kann man nicht trauen?
A. Der Frau.
F. Welches Gift erscheint wie Nektar?
A. Die Frau.

Obgleich wir Frauen Tugenden wie Wahr=
heitsliebe, Mäßigung, Mut, Herzensreinheit und
Rechtschaffenheit mit den Männern teilen, so
unterscheidet doch das Hindu=Gesetz eine männ=
liche und eine weibliche Religion. Erstere hat
ihre besonderen Pflichten, Vorrechte und Ehren.
Die Religion der Frau befiehlt derselben, den
Gatten wie einen Gott zu betrachten, ihr Heil
nur durch ihn zu erhoffen, ihm in allen Stücken
gehorsam zu sein, niemals Unabhängigkeit
zu begehren und nie gegen Gesetz und Sitte
zu handeln.

Die Frau wird ferner das „Eigentum" des
Mannes genannt und in einer Reihe mit Kü=
hen, Stuten, Sklavinnen, Mutterschafen u. s. w.
aufgezählt.

Das Weib muß bei dem Manne bleiben
und ihn wie einen Gott verehren, auch dann

wenn er „unsittlich ist und sich bösen Leiden=
schaften hingiebt." Der Mann dagegen darf zu
jeder Zeit seine Frau verlassen und eine andere
nehmen, wenn sie ihm Veranlassung zum Tadel
gegeben hat.

Sogar die christliche britische Regierung
kann das Los der Frau nicht wesentlich bessern,
denn gemäß der mit den Bewohnern Indiens
abgeschlossenen Verträge darf sie sich nicht in
ihre religiösen und bürgerlichen Gesetze und
Gebräuche einmischen.

Folgendes Beispiel sei hier angeführt. Eine
meiner nächsten Verwandten war als Kind
einem Knaben angetraut worden, dessen Eltern
gestattet hatten, daß er im Elternhause der Braut
erzogen und unterrichtet würde. Doch sowie die
Hochzeitsfeier vorüber war, nahmen seine Eltern
ihn wieder zu sich nach Hause. Der Knabe
wuchs zum eitlen, haltlosen, gewissenlosen Mann
heran, während seine Frau, dank der Fürsorge
ihres Vaters sich zu einem geistig geweckten
wissenschaftlich gebildeten Wesen entwickelte. Nach
dreizehn Jahren kam der junge Mann wieder,
um sein Weib heimzuführen. Die Eltern hatten

4*

jedoch nicht das Herz, ihr geliebtes Kind mit einem Bettler ziehen zu lassen, der weder die Fähigkeit noch den Charakter hatte, sich ein rechtschaffnes Leben zu gestalten und nicht imstande war, eine Frau zu erhalten und zu beschützen; seine Frau, der er vollständig fremd war und die ihn weder lieben noch achten konnte, mochte ebenfalls nicht mit ihm gehen. Eine Anzahl Orthodoxer in der Gemeinde, die nicht begriffen, daß eine Frau ihrem Manne nicht folgen wollte, auch wenn er ihrer unwürdig war, ermöglichte es ihm durch Geldsammlung, sie und ihre Eltern bei dem britischen Gerichtshof zu verklagen. Der Fall wurde geprüft, und dann nach Hindu-Gesetz zu Gunsten des Mannes entschieden. Die Frau mußte mit ihm ziehen. Glücklicherweise erlöste die Cholera sie bald aus einem trostlosen Leben.

Was man auch gegen die epidemischen Krankheiten, die unser Land alle Jahre heimsuchen, sagen mag, den unglücklichen Frauen, die durch religiöse, bürgerliche und staatliche Gesetze verfolgt werden, sind sie nicht unwillkommen. Machen doch manche Frauen ihrem qualvollen

Dasein durch Selbstmord ein Ende. Gerichtliche
Klagen zwischen Mann und Weib kommen in
Indien selten vor den britischen Gerichtshof,
denn da die Frauen wissen, daß Götter und
Gericht doch stets zu Gunsten der Männer ent=
scheiden, so ziehen sie vor, in stiller Ergebung
zu leiden.

Eine hilflose Frau freilich hat es ge=
wagt, ihre Stimme gegen das allgebietende
Hindu-Gesetz, die britische Regierung, die hun=
dert und neunundzwanzig Millionen Männer
und die dreihundert und dreißig Millionen
Hindu-Götter zu erheben, die sich alle vereint
verschworen hatten, sie zu einem „Nichts"
niederzudrücken.

Die sehr sorgfältig erzogene Dame, Rakhma=
bai, weigerte sich ihrem Manne zu folgen, weil
er ihrer unwürdig war, und verteidigte sich vor
Gericht, indem sie erklärte, die Ehe sei ohne
ihren Willen geschlossen, und könne daher gesetz=
lich nicht als solche angesehen werden. Nachdem
das erste Gutachten dahin lautete, daß eine Frau
unmöglich gezwungen werden dürfe, gegen ihren
eigenen Willen mit ihrem Manne zu leben,

erhoben sich alle Konservativen in ganz Indien
wie ein Mann gegen die unglückliche Rakhmabai, indem sie der britischen Regierung
mit öffentlichen Kundgebungen drohten, wenn
sie nicht, in Übereinstimmung mit dem Ab-
kommen, die Frau zwängen, bei dem Manne
zu bleiben.

Wie die Entscheidung ausfiel, besagt am
besten der Brief, den mir Rakhmabai im März
1889 aus Bombay schrieb:

„Die gelehrten und civilisierten Richter
sind entschlossen in diesem aufgeklärten Jahr-
hundert ein unmenschliches Gesetz in Kraft treten
zu lassen, das aus barbarischen Zeiten, vier-
tausend Jahre zurück, stammt. Sie befehlen
mir, nicht nur mit dem Manne zu leben, sondern
verlangen auch noch von mir die Bestreitung
der Gerichtskosten. Was sagen Sie zu diesem
seltsamen Ausspruche? Leben wir denn nicht
unter der unparteiischen britischen Regierung,
die sich damit brüstet, jedem sein Recht wider-
fahren zu lassen, und werden wir nicht von der
Kaiserin und Königin Victoria — selbst Frau
- regiert! Wenn Sie, geliebte Freundin, diesen

Brief empfangen, werde ich im Staatsgefängnisse
sein, weil ich den Richterspruch nicht befolgen
will und kann.

Die Lage der Frauen in Indien ist eine
hoffnungslose, mögen sie von Hindus oder Bri-
ten beherrscht werden, gleichviel. Von einigen
Seiten wird die Hoffnung ausgesprochen, daß
mein Fall die öffentliche Meinung günstiger stimmen dürfte; ich fürchte jedoch das Gegenteil.
Die hartherzigen Schwiegermütter werden sich
nur bestärkt fühlen und ihre Söhne von neuem
zur Anrufung des britischen Gerichtshofes an-
spornen, nachdem sie gesehen haben, daß die
Regierung niemals gegen das Hindu-Gesetz
auftreten kann." --

Wie könnten wir auch die englische Regierung tadeln, wenn sie eine hilflose Frau nicht
schützt? Sie erfüllt ja nur die Bedingungen,
die sie mit dem männlichen Teile der Bevölkerung abgeschlossen hat! . . . . . .

Wir müssen geduldig der Wiederkunft
des Reiches der Gerechtigkeit harren, in welchem die Schwachen, Niedrigen und Hilflosen
voll Freude sein werden, weil dann der

große Richter selbst „alle Thränen von ihren
Augen abwischen wird."

—

Wir kommen nun zu dem traurigsten und
von allen Hindu-Frauen am meisten gefürchteten
Lebensabschnitt, dem Witwenstande. Er wird
in ganz Indien als die Strafe für in vorher-
gegangenen Existenzen ausgeübte Verbrechen
angesehen. Ist die Witwe Mutter von Söhnen,
so gestaltet sich ihr Los weniger beklagenswert,
denn in ihr wird die Mutter höherer Wesen
geehrt. Auch eine tugendhafte alte Witwe genießt Hochachtung. Aber die Kind-Witwe *)
und die junge kinderlose Witwe sind wie die
größten Verbrecherinnen der allgemeinen Verachtung preisgegeben.

Die junge Witwe wird für den Tod ihres
Gatten verantwortlich gemacht und von dessen
Familie, bei der sie bleiben muß, schlechter als
eine Sklavin behandelt. Die Schwiegermutter
und alle Verwandten mißhandeln und schmähen
sie. Sie wird wie eine Gefangene bewacht und
muß die Arbeit einer Magd verrichten, darf

---

*) Child-widow.

nur einmal am Tage essen, und weder Schmuck
noch bunte Gewänder tragen. Um sie so viel
wie möglich zu verunstalten, wird ihr alle vier-
zehn Tage das Haar abrasiert. Die Hindu-Frau
aber liebt ihr schönes weiches Haar, wie jede
andere Frau, und manches Mädchen von vier-
zehn und fünfzehn Jahren, die kaum begreift,
warum sie so schlecht behandelt wird, versteckt
sich am liebsten in eine dunkle Ecke, um im
Verborgenen über den Verlust ihrer Haare zu
trauern.

Eine junge Witwe darf nur mit ihrem
Vater und den allernächsten männlichen Verwandten sprechen, niemals an Festlichkeiten
teilnehmen. Es wird als ein böses Omen
angesehen, wenn ein Mann, ehe er eine Reise
antritt, einer Witwe begegnet. Sogar ihre
eigenen Eltern und Geschwister beweisen ihr
statt Liebe Mißachtung und betrachten sie wie
jemand, der Unehre in die Familie gebracht hat.
Oft wird jungen Witwen, denen jeglicher Halt
durch geistige Beschäftigungen fehlt, das Leben in
dem kerkergleichen Heim — sei es im elterlichen
Hause oder in dem ihres verstorbenen Gatten

— so unerträglich, daß sie aus demselben ent-
fliehen. Aber wohin soll die Unglückliche ihre
Schritte lenken? Keine Familie, sogar nicht
eine aus niederer Kaste, nimmt sie als Dienst-
magd. Sie ist nicht imstande, durch irgend
welche Erwerbsthätigkeit für ihren Unterhalt
zu sorgen, besitzt nichts, als einzig und allein
das Kleidungsstück, das sie auf ihrem Körper
trägt. Hunger und Tod schweben ihr wie
Schreckgespenste vor, kein Sonnenstrahl scheint
in die arme finstre Seele. Selbstmord oder,
schlimmer als das, ein Leben der Schande und
Unehre wird oft ihre letzte Zuflucht.

Neuerdings ist der Witwe gestattet sich wieder zu verheiraten, und für manche junge Witwe
wäre dies gewiß eine wünschenswerte Wendung
im Leben, aber bei den tief eingewurzelten
Vorurteilen gegen Witwen entschließt sich selten
ein Mann eine solche zu heiraten. Ich kenne
gute und gebildete Männer, die es sich fest und
heilig vornahmen für den Fall, daß sie Witwer
würden, sich mit einer Witwe zu vermählen;
doch kaum war ihre erste Frau gestorben, so
vergaßen sie ihre edlen Gelübde und wählten

ein hübsches kleines Mädchen! Ein Hindu, der eine Witwe heiratet, muß sich vorher sagen, daß er fortan auf alle Beziehungen zu Verwandten und Freunden verzichtet, sich dem Spotte und Hohne preisgiebt, und alle die Verfolgungen zu dulden hat, die denjenigen zu teil werden, die gegen hergebrachte Sitten handeln.

Der armen Hindu = Witwe der hohen Kaste bleibt, nachdem die einzige Rettung aus allem Elend — die Verbrennung — ihr genommen ist, nichts übrig als den namenlosen Jammer des irdischen Daseins zu ertragen, bis der Tod sie erlöst.

Nachfolgendes Gebet einer Witwe schildert das verzweiflungsvolle Schicksal, zu dem sie und ihre Mitschwestern verdammt sind, beredter als es meine Worte vermögen. Es ist von einem Zögling der britischen Mission geschrieben, von einer der wenigen Hindu = Frauen, die lesen und schreiben können, und die die bitteren Leiden und Demütigungen der Hindu = Witwenschaft von Kindheit an empfunden hatte:

„Ach Herr, erhöre mein Flehen! Niemand richtet ein mitleidsvolles Auge auf die Unter=

drückungen, die wir armen Frauen zu erdulden
haben. Unter Thränen und Seufzen haben
wir sehnsüchtig nach einer rettenden Hand aus-
geschaut. Aber da ist niemand, der sich unserer
annimmt. Du bist der einzige, der unsere Klagen hören will, — Du weißt, wie machtlos,
unterdrückt und entehrt wir dastehen. Herr,
nimm Du Dich unserer an! Seit Jahrhunderten werden Geist und Seele in dunkler Unwissenheit erhalten, sie umhüllt uns wie eine
dichte Staubwolke, — es ist der Staub der Sitten
und Gebräuche, der uns erstickt und begräbt,
und es fehlt uns die Kraft ihn abzuschütteln.
Wir sind geschlagen und zermalmt wie die
trocknen Schalen des Zuckerrohrs, nachdem ihm
der süße Saft entzogen ward. Allwissender Gott,
erhöre unser Gebet! Vergieb uns unsere Sünde!
Und laß auch uns Deine Welt schauen. Ach,
Vater! Wann werden wir aus unseren Ketten
befreit werden? Für welche Sünde mußten wir
geboren werden, um in diesem Kerker zu leben?
Von Deinem Throne fließt Gerechtigkeit, aber
uns erreicht sie nicht; in diesem unserem Elende
naht sich uns nur Ungerechtigkeit. Du, der

Du Gebet erhörst, vergieb, wenn wir gegen Dich
gesündigt haben, aber wir sind zu unwissend,
um zu wissen, was Sünde ist. Muß denn die
Strafe der Sünde solche treffen, die nicht begreifen können, worin sie besteht? Ach, großer
Gott! Unsere Namen stehen in gleicher Reihe
mit Trunkenbolden, Verrückten und Blödsinnigen,
ja selbst mit den Tieren, gleichwie sie sind auch
wir nicht verantwortlich. Zu lebenslänglichem
Kerker Verurteilte sind glücklicher als wir, denn
sie kennen doch etwas von Deiner Welt. Sie
wurden nicht im Gefängnis geboren. Aber
wir haben Deine Welt niemals geschaut, kennen
sie nicht einmal im Traume, nur dem Namen
nach. Und wie können wir Dich, den Schöpfer,
kennen, wenn wir Deine Werke nie gesehen haben.
Wir sehen nur die vier Wände des Hauses.
Sollen wir diese die Welt oder Indien nennen?
Wir sind im Kerker geboren und gestorben und
sterben hier beständig.

„Ach, Vater Himmels und der Erde, hast
Du uns nicht geschaffen? Oder hat uns ein
anderer Gott gebildet? Sorgst Du nur für die
Männer, und hast Du keine Gedanken für uns

Frauen. . . Allmächtiger, unnahbarer Gott, denke in Deiner Barmherzigkeit, die ja so unendlich wie das Meer ist, auch an uns! Herr, rette uns, denn wir können unser Schicksal nicht ertragen, viele von uns haben sich selbst das Leben genommen. . . Gott der Barmherzigkeit, wir bitten Dich, daß Du den Fluch von Indiens Frauen nehmen wollest! Erwecke Mitgefühl in den Herzen der Menschen, auf daß sich unser Leben nicht in fruchtlosem Sehnen verzehre, und wir gerettet durch Deine Barmherzigkeit, auch ein wenig die Freude am Dasein empfinden lernen!"

Indem wir es uns zur Aufgabe machen, Indiens Frauen zu heben, arbeiten wir zugleich für die Männer. Letztere glauben zwar unter der Entwürdigung der Frauen nicht selbst zu leiden, aber ihr eigener Standpunkt beweist das Gegenteil. Wie könnte es auch anders sein! Hat doch die Vorsehung Mann und Frau als gemeinsame Glieder des einen großen Körpers, der menschlichen Gesellschaft, geschaffen. Wenn ein Glied leidet, leiden alle Glieder mit, sie mögen es zugeben oder nicht.

Lebt die Frau eingeschlossen in ihren vier Mauern, ohne daß es ihr während ihres ganzen Lebens jemals vergönnt ist, gesunde frische Luft zu atmen, oder belebenden Sonnenschein in sich aufzunehmen, so wird sie mit jeder Generation schwächer; der Körper bleibt in seiner Entwickelung zurück, der Geist schrumpft unter Vorurteilen und Aberglauben zusammen, und verhungert wegen Mangel an jeglicher geistiger Nahrung und Gelegenheit Belehrung aus der wirklichen Welt zu schöpfen. Unter diesen Verhältnissen werden neunzig von hundert selbstsüchtige Sklavinnen ihrer persönlichen kleinen Interessen und gleichgültig für das Wohl und Weh ihrer Mitmenschen. Eingekerkerte Frauen aber können unmöglich Mütter körperlich und geistig kräftiger Kinder werden.

Die jetzige Generation von Männern bestätigt diese Folgerung. Der Hindu-Knabe saugt keine Vaterlandsliebe mit der Muttermilch ein, denn die arme Mutter, die selbst nicht die Geschichte ihres Landes und Volkes kennt, vermag nicht ihn zu begeistern. Die Hindu-Nation wird untergehen, wenn sie nicht in hochherzigem Selbst-

vertrauen für Freiheit und Unabhängigkeit ent-
brennt. Es müssen also dem Volke Mütter
erzogen werden, die es verstehen, anregend auf
den Geist der Söhne zu wirken und sie empfänglich für neue Sitten und Einrichtungen zu
machen. Die Abhängigkeit, in der die Hindu-Frau
der hohen Kaste von frühster Kindheit an bis
in ihr spätestes Alter gehalten wird, unterdrückt
natürlich jegliches Selbstvertrauen; ohne dasselbe
bleibt aber der Mensch eine beklagenswerte
Schmarotzerpflanze. Möchten doch die Frauen
des Westens ihre armen Schwestern im Osten
lehren, wie sie durch Entwicklung der in ihnen
schlummernden Kräfte sich selbstständig forthelfen
können, damit auch sie fähig werden, den Hinder-
nissen und Prüfungen entgegenzutreten, die der
Mensch, der innerlich voranschreitet, zu überwinden hat!

Wie schlecht es noch mit der Erziehung
bei uns zu Lande bestellt ist, ersehen wir am
besten aus dem Berichte der Erziehungs-Kommission für 1883. Von den neunundneunzig
Millionen Frauen und Mädchen, die unter

britischer Oberhoheit stehen, haben nur ungefähr
zweihunderttausend lesen, schreiben und rechnen
gelernt und darauf beschränkt sich auch beinah
ihr Wissen fürs ganze Leben, denn die Mädchen
gehen nur vom siebenten bis neunten Jahre in
die Schule und dürfen als junge Frauen kein
Buch mehr in die Hand nehmen; nur wenige
Männer gestatten ihren Frauen eine höhere
Ausbildung.

Es giebt Regierungs-, Missions- und Privat-
Schulen, letztere sind von den Hindus selbst ge-
gründet. Wir können nicht dankbar genug für
die Hilfe sein, die uns zu teil wird, auch seitens
der Schwestern des Westens, die persönlich unter
uns arbeiten. Amerikanische und englische*)
Frauen, thun ihr möglichstes um in den Missionsschulen und in den Zananas (Wohnungen der
Hindus) die Töchter Indiens geistig zu heben
und ihnen das Licht der Bildung zu bringen.
Aber Sprache und Klima erschweren ihnen ihre
Arbeit bei uns, und dann: „Was sind diese
unter so vielen." Auch können wir nicht hoffen,
daß es in einem Lande, wo Kastenwesen und

*) Auch deutsche!

5

Einschließung der Frau wesentliche Bestandteile
der Landesreligion bilden, Männern aus dem
eigenen Lande und Frauen des Auslandes ge=
lingen wird, praktische Kenntnisse unter den
Frauen zu verbreiten. Die Erfahrung lehrt, daß,
um wirklich erfolgreich zu sein, die Hebung eines
Volkes von innen heraus erstrebt werden muß.

Unter den Bewohnern Indiens sind die=
jenigen, die der hohen Kaste angehören, die
begabtesten; seit länger als zweitausend Jahren,
und trotz der Unwissenheit, in der die Frauen er=
halten werden, haben doch auch sie von ihren
Vorfahren natürlichen Verstand und rasche Auf=
fassungsgabe geerbt. Wir haben bereits aus
einigen Beispielen ersehen, wie empfänglich sie
für Erziehung und geistige Kultur sind, und
daß aus ihrer Mitte sehr wohl tüchtige Lehrerinnen
herangebildet werden können.

Welch' ein Segen würde für Mädchen, die
schon zwischen dem neunten und zehnten Jahre
Witwen geworden sind, Erziehungshäuser sein,
in denen sie unabhängig von ihrer Familie sich
praktisch für einen nützlichen Beruf und eine
Erwerbsthätigkeit ausbilden könnten. Wie viele

würden dadurch dem Elend und auch der
Schande — da diese leider nicht ausgeschlossen
ist — entrissen werden.

Im Jahre 1866 unternahm die durch ihre
philanthropischen Bestrebungen bekannte Miß
Mary Carpenter (bereits in höherem Alter)
eine Reise durch Indien, um sich über die Mittel
und Wege klar zu werden, die die Lage der
Frauen bessern könnten. Es leuchtete ihr bald
ein, daß Unterricht in den Wohnungen selbst
am ehesten den Übeln entgegenarbeiten würde.
Auf Anregung von Miß Carpenter gründete
auch die britische Regierung einige Schulen in
Indien zur Ausbildung von Lehrerinnen. Die
damit verknüpften Erwartungen erfüllten sich
jedoch nicht in der gehofften Weise. Das haupt-
sächlichste Hindernis waren und sind die Kasten-
gesetze. Entschließt sich eine Witwe der hohen
Kaste eine Schule zu besuchen, so wird sie nur
in den seltensten Fällen von ihren Angehörigen
die nötigen Mittel dazu erhalten; sie muß also
arm, hilflos und verlassen den Kampf um das
Dasein aufnehmen, ohne seitens der Schulbehörde
hinreichend unterstützt zu werden.

5*

Außer diesen wenigen Regierungs-Mädchen-
schulen giebt es Missionsschulen, die den jungen
Witwen Obdach und Unterricht gewähren.
Aber eine gläubige, orthodoxe Hindu - Frau, die
einer geachteten Familie entstammt, wird nie
ihre Zuflucht unter Menschen suchen, die weder
ihrem Lande noch ihrer Religion angehören.
Natürlich giebt es auch hier Ausnahmen, aber
im allgemeinen kann man als sicher annehmen,
daß eine Frau der hohen Kaste diesem Auswege
den Tod vorzieht. Sie weiß, daß, wenn sie in
der Missionsstation lebt, sie ihre Kaste aufgeben,
die Bibel lesen muß und vielleicht veranlaßt
wird, dem Glauben ihrer Väter untreu zu werden. Niemals wird eine Frau, welcher Religion
sie auch angehören mag, wenn sie fest in ihrem
Glauben ist, gleichviel ob derselbe anderen richtig
oder falsch erscheint, ihrem Gewissen um Nahrung und Obdachs wegen Gewalt anthun.
Die Furcht in Versuchung zu geraten, für welt-
lichen Vorteil ihren Glauben abzuschwören, hält,
wie gesagt, viele vortreffliche Hindu - Frauen
ab, die Missionsschule zu besuchen; lieber beendet
sie ihr Leben in einem heiligen Flusse, in der

Überzeugung, daß sie sich damit die ewige
Glückseligkeit verdient.

Die einzig wirklich zweckentsprechende Hilfe
würden Erziehungshäuser sein, in denen die
Kind-Witwen in Übereinstimmung mit ihren
Religions- und Kastengesetzen ungehindert leben
könnten. Hier müßten sie zu Lehrerinnen, Er-
zieherinnen, Kindergärtnerinnen, Haushälterin-
nen u. s. w. ausgebildet werden, um später
imstande zu sein, sich selbst ihren Unterhalt zu
verdienen. Diese Häuser müßten unter der
Oberaufsicht von einflußreichen Hindu-Männern
und Frauen stehen, die es sich angelegen sein
ließen, den kleinen und jungen Witwen, die
hier Zuflucht suchen, ein Heim zu schaffen, in
dem sie sich unter lehrreichen Beschäftigungen
glücklich und befriedigt fühlten.

Ich will selbst Hand ans Werk legen und
die Gründung einer solchen Heim- und Bil-
dungsstätte versuchen. Ob mir das Unternehmen gelingen wird, ist die Frage; ich bin mir
der zu überwindenden Hindernisse wohl bewußt.
Dennoch will ich es wagen im Aufblicke zu

dem Gott und Vater, der ja die Not meiner Landsmänninnen kennt.

Es wäre fast wie ein Wunder, bei den Männern Indiens die Einsicht durchbrechen zu sehen, daß durch Hebung der Frau das ganze Volk gehoben wird. Daß aber dieses Wunder sich im Laufe der Jahre vollziehen wird, davon bin ich überzeugt. Erweckt mein Vorhaben doch schon jetzt Teilnahme bei einzelnen, die für den Fortschritt empfänglich sind.

Aber Anstalten, die auch den Unterhalt der Zöglinge übernehmen, bedürfen nicht unbedeutender Geldmittel. . . . Möchten doch alle, denen die Predigt des Evangeliums von Christo am Herzen liegt, die Millionen selbst ihr Leben dafür hingeben, dem Herrn den Weg bahnen, indem sie die verschlossenen Thüren der Zenanas aufbrechen, und das helle Licht der Erkenntnis und Bildung hineinströmen lassen.

Ihr Väter und Mütter vergleicht das Schicksal Eurer Lieblinge im glücklichen Familienkreise mit dem von Millionen kleiner Mädchen in Indien, die dort auf dem Altar unmenschlicher Sitten und Vorurteile geopfert

werden, und dann fragt Euch, ob Ihr nicht
zur Rettung der armen kleinen Witwen beitra=
gen könnt. Zwischen den Steinmauern düsterer
Behausungen erheben sich täglich Hilferufe aus
Millionen von Herzen. Ohne einen Hoffnungs=
strahl des Trostes sterben jährlich tausende von
Kind = Witwen dahin, und andere werden täg=
lich unter dem entsetzlichen Druck von Sünde
und Schande niedergetreten, ohne daß ihnen eine
rettende Hand einen besseren Weg zeigt.

Ach! Möchte doch ein wenig Mitgefühl
für meine unglücklichen Landsmänninnen in
die Herzen derer dringen, die diese Blätter lesen!
Ich bitte Euch Ihr Freunde, Erzieher und
Wohlthäter der Menschheit, laßt den Schrei
der Töchter Indiens, wenn er gleich ein matter
ist, an Euer Ohr gelangen und Eure Herzen
bewegen! Ich flehe im Namen der Mensch=
lichkeit, im Namen der Verantwortung als
Mitarbeiter an der einen großen gemeinsamen
Aufgabe — das Wohl der Menschheit — und
bitte vor allem im heiligsten Namen Gottes:
Sendet uns Hilfe!

Nachschrift.

Dank der Berichte des im Jahre 1842 in Berlin gegründeten „Frauen-Vereins für christliche Bildung des weiblichen Geschlechtes im Morgenlande"*) sind uns in neuster Zeit auch von dieser Seite Mitteilungen über die Leiden der indischen Frauen sowie über das segensreiche Wirken der englischen und deutschen Missionsschwestern zugegangen. Sie beweisen wie gerecht fertigt Ramabai's Schmerz, ihr Streben und Arbeiten und ihr Hilferuf sind.

Wir entnehmen obigen Blättern folgende Angaben:

„Mehr als 21 Millionen Witwen leben noch gegenwärtig in unbeschreiblichem Elend

---

*) Derselbe arbeitet zunächst noch im Anschlusse an die englische Mission. Die deutschen Missionsgehilfinnen stehen unter dem Schutze der Missionsvorsteher. Im Jahre 1847 sandte der Verein seine erste Lehrerin, Dorothea Keil, nach Indien.

in Indien. Das ist mehr als der sechste Teil der gesamten weiblichen Bevölkerung. Bei der durch die heiligen Bücher der Hindus gelehrten und genährten Verurteilung des weiblichen Wesens und Lebens, bei der unsinnigen Geldverschwendung, welche die Hochzeitsfeierlichkeiten als unerläßlich bedingen, kann es nicht überraschen, daß der weibliche Kindermord in Indien früher gebräuchlich war. . . Am Anfang dieses Jahrhunderts wurden die Mädchenmorde und Kindesopfer auf 120000 jährlich berechnet, und auch heutigestags kommt der geheime Kindermord, namentlich in den vornehmen Familien Indiens noch vor.

Die unheilvollen Kinderheiraten, die demoralisierende Vielweiberei, die gefängnisartige Abschließung, die Unwissenheit und Verachtung der Frauen sind noch jetzt die schweren, fortbestehenden Volksschäden Indiens.

Die Schule bildet als Erziehungsstätte einer neuen Generation, einen der einflußreichsten Zweige des Missionswerkes. Dazu bedarf es guter Lehrerinnen, auch für den Unterricht in den Zenanas und Dörfern. Die fremd-

ländischen Missionsarbeiterinnen können das
Werk aber nicht allein thun, sie brauchen Mit-
arbeiterinnen aus den Eingebornen.

Wir*) sind mit unseren geringen Mitteln
und Kräften da eingetreten, wo das Bedürfnis
nach Frauenarbeit am dringendsten und die
Verhältnisse für unsere Schwestern am geeignetsten erschienen. In dem oberen Teile
Indiens hat sich der Brahmanismus und
Muhammedanismus mit all seinen seit Jahrhunderten eingewurzelten Verderben, durch
Götzentum, Kastenwesen, und Zenanaabge-
schlossenheit der Frauen, festgesetzt und erhalten.
Da thut die Frauen-Mission im Lehr- und Er-
ziehungsfach in der Dorf- und in der Zenana-
arbeit ganz besonders not."

Wie Ramabai, so ist auch die deutsche
Mission in Ostindien von dem Segen der Klein-
kinderschulen durchdrungen. In Sekundra bei
Agra ist mit dem dortigen Waisenhaus eine
Mädchenschule und eine Schule zur Ausbildung
von eingeborenen Lehrerinnen verbunden. Wenn
es gelingt eingeborene Lehrerinnen von den

*) Morgenländischer Frauen-Verein.

Wahrheiten des Christentums zu durchdringen, werden diese auch die geeignetsten Persönlichkeiten sein, das Licht des Evangeliums unter ihren Landsmänninnen zu verbreiten. Wir haben allerdings von Ramabai gehört welche Hindernisse dabei zu überwinden sind. Aber „Gott will, daß allen Menschen geholfen werde und sie zur Erkenntnis der Wahrheit kommen."

———— ⚬ ————

In J. Frickes Verlag (J. Nithack-Stahn)
in Halle a. S. erschien:

Der Fund am Grundensee.

Eine Dorfgeschichte aus dem Niederlausitzer
Dorfleben. Preis 2 M.; eleg. geb. 2,60 M.

Das „Volk" schreibt darüber: Die Lektüre dieser
wahren, echten Volksgeschichte hat uns wirklichen
Genuß bereitet. Der Verfasser führt uns in ein Dorf
der Niederlausitz und weiß uns mit seiner ansprechen-
den Darstellung in der Interessensphäre der Dorfbe-
wohner so heimisch zu machen, daß wir uns innigst mit
ihm darüber freuen, wenn aus dem prosadürren ver-
standesmäßigen Ehegeschäft, das der verschmitzte Dorf-
schulze und sein bäuerlicher Nachbar auf den Besitz
einer Wiese gründen wollen, nichts wird, und die hübsche
Annelise statt des ungeliebten, widerlichen Schulzen-
sohnes endlich nach Ueberwindung aller Hindernisse
ihren herzensbraven Heinrich bekommt. Vortrefflich ge-
lungen erscheinen uns vor allem die Charakterschilderungen
des Handelsjuden Zabel, der beiden Hauptbauern und
des ehrwürdigen Dorfpfarrers. Es geht ein kräftiger
antisemitischer Zug durch das Ganze, doch drängt sich
diese Tendenz nicht ungebührlich in den Vordergrund,
sie wächst nebenher als Episode aus dem Grundstock
der Dorfgeschichte heraus. Dürfte es doch heute kein
Dorf geben, welches nicht der Handelsjude mit dem
„Rucksack" bestrafte und beschwindelte. Das liebens-
würdige Buch sollte recht fleißig für Volksbibliotheken
gekauft werden. Es ist gesunde, kräftige Kost.

In J. Frickes Verlag (J. Nithack-Stahn)
in Halle a. S. erschien von

Marie von Kraut

Preußische Geschichte der Jugend erzählt. Nebst
acht Karten von Lieut. a. D. Havemann.
Mit einem Geleitsworte von Dr. Robert
Koenig, Verfasser der „Deutschen Litteratur-
geschichte". M. 2.—, geb. M. 2.50, eleg. geb.
(in Ganz-Leinen mit preuß. Adler) M. 3.—.

Die „Kölnische Zeitung" vom 8. Januar 1893 sagt
darüber: Auch ohne das lobende Vorwort Dr Rob.
Koenigs würde dieses eigenartige Büchlein sich
Eingang in die deutschen Familien verschaffen. Man
hört es dem warmen innigen Tone der Erzählung an,
daß reine Vaterlandsliebe sie diktiert hat; man fühlt
sich fast in den Kinderkreis versetzt, der die Erzählerin
umgiebt und leuchtenden Blickes, gespannten Ohres die
Entwickelung unsers Vaterlandes vernimmt und sie von
den großen Helden plaudern hört, die mit ihren Thaten
es so hoch emporgehoben haben. Mit feinem Takte
weiß die Erzählerin das für Kinderherzen Wesentliche
auszuwählen und in den biographischen Einzelzügen
die jungen Gemüter für ihr Vaterland zu begeistern.
Außerordentlich wertvoll sind die beigegebe-
nen acht Karten. Es ist geradezu überraschend wie
in der einfachsten Weise nicht bloß dem Kinde, sondern
auch dem Erwachsenen das Werden des preußischen
Staates vor die Augen tritt. Auf der ersten Karte
nichts weiter als ein weißes Blatt, auf welchem in
Umrissen Norddeutschland erkennbar wird, ohne weitere
Bezeichnung als die der großen Flüsse und inmitten
der großen weißen Fläche ein kleines, blaues Viereck,
die Nordmark. Nun sieht man auf den anderen
Karten, wie zu diesem Blau das Rot der neuerworbenen
Länder hinzukommt, und schließlich auf der letzten Karte
die weiße Fläche unter dem Blau fast ganz verschwindet.
Wir aber wünschen der Erzählerin, daß sie recht viele
Zuhörer unter unsern kleinen Freunden erhalten möge.

In J. Frickes Verlag (J. Nithack-Stahn)
in Halle a. S. erschien von

Marie von Kraut.

Sergius Baturin. Aus dem Französischen von
M. v. K. Bilder aus dem russischen Leben
der neueren Zeit. Mit einem Vorwort von
Konsistorialrat D. Dalton. M. 2.80, fein
geb. M. 3.60.

Aus dem Vorworte D. Dalton's sei Folgendes
mitgeteilt: Nun erscheint „Sergius Baturin" auch in
deutscher Gewandung und, unsere schöne Muttersprache
geläufig und fließend redend, will er seine Wanderung
durch unser Vaterland antreten. Wenn er auch erst
spät unsere Heimat aufsucht, so glaube und hoffe ich
doch nicht verspätet. Was er zu erzählen hat, ist
fesselnd genug, um auch heute noch in dieser Ueber-
tragung vernommen zu werden. In freier Dichtung
berichtet er von der evangelischen Strömung in Rußland,
die vor zwei Jahrzehnten in wunderbarer Weise in
einzelnen höheren Kreisen der Gesellschaft begonnen,
weithin bis in die untersten Kreise des frommen Volkes
vordrang und eine Wirkung ausübte, die hoffnung-
weckend, Zeichen eines anbrechenden Frühlings im
nordischen Reiche aufwies. Die lebensvollen Gestalten,
die durch die Erzählung hindurchschreiten, tragen
nur einen undicht verhüllenden Schleier um ihr Antlitz.
Wem es vergönnt gewesen, von Anfang an der
Strömung nahe zu stehen, der erkennt gar bald die
trauten Züge wieder, deren Träger einst im Vorder
treffen der Bewegung gestanden u. s. w.

Wir geben gerne dem Büchlein das erbetene Be-
gleitwort mit auf seine Wanderung zugleich mit dem
Wunsche, daß es in vielen Häusern seine Botschaft aus-
sichten und dies fesselnde Blatt aus dem religiö-
ren Leben des russischen Volkes und von der evangelischen Strömung, die einzelne Kreise dieses Volkes
ergriffen, zur Mitteilung bringen möchte.

www.ingramcontent.com/pod-product-compliance
Lightning Source LLC
Chambersburg PA
CBHW031445270326
41930CB00007B/871